MADAGASCAR

STATISTIQUES ET LÉGENDES

D'APRÈS LES DOCUMENTS OFFICIELS

PAR

P. CAUSSÈQUE

MISSIONNAIRE DE MADAGASCAR

MADAGASCAR

STATISTIQUES ET LÉGENDES

D'APRÈS LES DOCUMENTS OFFICIELS

PAR

P. CAUSSÈQUE

MISSIONNAIRE DE MADAGASCAR

MADAGASCAR

STATISTIQUES ET LÉGENDES

D'APRÈS LES DOCUMENTS OFFICIELS

« Pour juger de l'influence acquise par l'Angleterre à Madagascar, dit le journal organe des Anglais à Tananarive, il suffit de considérer la statistique des missions. Tant que cette statistique ne change pas, la situation des sujets britanniques à Madagascar n'est pas modifiée. » (*Madagascar-News*, 18 juillet 1891.)

Voici un aperçu de la statistique en question :

MISSIONNAIRES [1]

	Anglais.	Norvégiens.	Français.
Personnel européen. . .	68	44	114
Maîtres indigènes, plus de	6 110	Plus de 1 130	641
Élèves dans les écoles.	92 316	37 487	17 338
Adhérents ou disciples. .	310 313	47 681	130 669
Imprimeries	3	1	1
Hôpitaux.	2	1	0
Léproserie.	1	?	1
Observatoire astronomique.	0	0	1
Budget : près d'un million.		Inconnu.	200 000 fr. à peine.

Pour les Anglais, la question de Madagascar est avant tout une question religieuse; les missions sont le grand facteur d'influence.

Cette opinion est-elle fondée ? La statistique des mis-

---

1. 98th report of the L. M. S. (London Missionary Society, Société des Missionnaires de Londres) ou 98e rapport de L. M. S. — *Diary Malagasy*, 1892, Tananarive, ou *Annuaire Malgache*, 1892, Tananarive.

sions change-t-elle, mais toujours en faveur des Anglais ? Que conclure ? — Prière au lecteur de vouloir bien chercher la réponse à ces questions dans les pages qui suivent.

I

GOUVERNEMENT MALGACHE

(*Annuaire Malgache*, 1892, p. 11-14.)

STATISTIQUE

Après la Reine et le Premier ministre viennent :

Les 20 membres du cabinet ;

Les 16 chefs des divers districts d'Imerina ;

Les 14 membres des divers ministères, dont un élève des Français.

Les 8 chefs de garde et de service au palais, dont un —   —

Les 7 chefs de castes nobles, dont un   —   —

Les 95 gouverneurs des principales villes et forteresses de l'île, dont un élève des Français.

Soit 4 élèves des missionnaires français; tous les autres sont des élèves des missionnaires anglais et sont membres de l'Église d'État anglo-malgache, dont la Reine est la tête.

LÉGENDE

Tananarive, siège du gouvernement, est une ville de 100 000 âmes, à 1 400 mètres au-dessus du niveau de la mer, et au milieu du vaste plateau qui occupe le centre de l'île.

Sur ce plateau se trouve la partie la plus importante de la population, répartie entre les provinces d'Imérina, de Betsileo et de Sihanaka. L'île entière, qui est grande comme la France, contient 4 à 5 millions d'habitants.

Comme l'Angleterre, Madagascar a sa Reine, *tête* de l'Église, un *Prime minister*, un cabinet, etc.... Tout porte le cachet britannique, parce que, comme le dit le contre-amiral Gore Jones, « les Indépendants ont été les premiers maîtres du terrain [1] ».

« Les Indépendants ne sont pas conséquents avec leurs principes, » dit encore le contre-amiral; c'est pourquoi ils

---

1. « Rapport sur la visite à la Reine de Madagascar, juillet 1881. » — Grâce à Farquhar, gouverneur de l'île Maurice, les missionnaires anglais, dits Indépendants, purent établir des écoles à Tananarive dès 1820.

ont pu prêter leur concours à la création de l'Église d'État, et à son fonctionnement.

« Ils sont bien en cour, » ajoute-t-il ; aussi l'Angleterre a-t-elle obtenu, la première[1], son traité du 27 juin 1865, avec la clause : « L'Angleterre jouira des droits de la nation la plus favorisée ; » ce qui, d'après l'interprétation pratique, signifie : sera la nation la plus favorisée.

« Le 11 juillet 1881, continue le contre-amiral Gore Jones, nous assistâmes au service divin à la chapelle royale[2]. La Reine, le Premier ministre et la famille royale étaient présents. Le service s'est accompli avec ordre et dignité. Il y avait de bonnes orgues ; on a chanté des cantiques et des antiennes.

« Le Premier ministre est trop intelligent pour ne pas voir l'utilité de maintenir la Reine à la tête de l'Église, et rien d'un caractère religieux ne marche que sous sa surveillance... Il est entièrement anglais de cœur. » (Même rapport.)

Par ordre du gouvernement malgache, le repos dominical est observé comme dans la Grande-Bretagne ; l'assistance aux offices du dimanche est prescrite ; l'école est obligatoire pour tous les enfants, dès l'âge de huit ans. Toutes les écoles sont confessionnelles.

Le nom de Dieu est sans cesse sur les lèvres des Malgaches. Pour dire merci, ils ont la formule : « Que Dieu vous protège. » La Reine commence ses proclamations solennelles par ces mots : « Moi, R..., *par la grâce de Dieu... Reine...* »

Dans le pays, un Européen sans religion ou sans mœurs n'inspire ni confiance ni estime[3]. Il en est tout autrement pour un catholique digne de ce nom[4].

1. Le traité français qui a suivi la mort de Radama II, n'a été signé que le 8 août 1868.

2. Le service religieux fut inauguré dans le palais royal le 28 octobre 1868. Depuis lors, tous les dimanches, matin et soir, la Reine y assiste avec toute sa cour et les hauts fonctionnaires. La Reine et le Premier ministre furent baptisés publiquement le 21 février 1869, selon le rite des Indépendants, dit rite des Anglais. Les premiers diplômes donnés aux prêcheurs par la Reine, en sa qualité de chef de l'Église d'État, datent de 1869.

3. Les indigènes ont des proverbes et des dictons ainsi conçus :

« Si quelqu'un ne trompe pas... c'est parce qu'il craint Dieu. »

« Celui qui trompe Dieu, comment ne tromperait-il pas les hommes ? »

« Ce n'est pas un homme, c'est un chien. »

4. Il y a quelques années, un consul américain est venu à Tananarive

Le gouvernement s'entend fort bien au jeu de bascule : les Anglais sont ses frères, et les Français ses cousins; il tire tout ce qu'il peut des uns et des autres; il leur fait en temps et lieu quelques concessions, mais toujours de manière à ne pas rendre les premiers trop fiers, et les seconds trop mécontents.

En dehors des salariés et de quelques gouvernants, la population du pays préfère la prière des catholiques à celle des Anglais. Si elle ne vient pas en masse, c'est que la mission catholique n'est pas en mesure de lui bâtir des églises et des écoles.

II

GOUVERNEMENT FRANÇAIS

(*Annuaire Malgache*, p. 15. — Budget de 1892.)

STATISTIQUE

1° Résidence générale de France à Madagascar :

TANANARIVE

	Traitement
1 Résident général	60 000 fr.
1 Résident général adjoint chargé des affaires consulaires et judiciaires.	20 000
1 secrétaire d'ambassade de 3ᵉ classe	5 000
1 consul suppléant.	5 000
1 vice-consul, chargé de la chancellerie	9 000
1 médecin de 1ʳᵉ classe, attaché à la Résidence générale.	10 000

TAMATAVE

1 Résident.	18 000
1 chancelier.	8 000
A reporter.	125 000 fr.

pour réclamer une indemnité de 100 000 francs. Il était catholique. Le Premier ministre a demandé s'il était catholique pratiquant. Sur la réponse affirmative, il a dit : « On peut avoir confiance en son intégrité. » Les égards n'ont pas manqué au consul. Un vol ayant été commis chez lui, dans les vingt-quatre heures le voleur est saisi, et, chose inouïe, tous les objets dérobés sont retrouvés. La mission, délicate s'il en fut, réussit fort bien. Le consul est reparti, emportant l'estime de tous et des cadeaux de la part de la Reine et du Premier ministre.

Report.	125 000 fr.
2 commis	8 000

MOJANGA

1 vice-résident.	10 000

FIANARANTSOA

1 vice-résident..	10 000

OSSI-VÉ

1 vice-résident.	12 000
1 commis	3 000

MANANJARY

1 chancelier, agent de résidence	7 000

Frais de la Résidence générale

Frais de représentation du Résident général..	20 000
Frais de tournées	20 000
Frais de voyage entre Paris et les postes de Madagascar	30 000
Frais de tournée des agents à Madagascar.	10 000
Frais de service	62 340
Dépenses spéciales.	50 000
Achats de cadeaux	19 660
Frais de télégrammes.	12 000
Indemnités d'entrée en campagne accordées aux agents.	5 000
Soit 15 fonctionnaires, avec un budget annuel de. . .	414 000 fr.

Autres frais de la Résidence générale

1 architecte, et construction du palais résidentiel.	
2 officiers de l'escorte.	Dépense
1 médecin —	inconnue.
6 employés pour le service postal	
Soit 10 Français, outre les 50 soldats.	

2° Service judiciaire :

Crédit voté le 9 avril 1891 pour l'organisation de la justice, et demi-traitement des magistrats à Madagascar, exercice de 1891..	243 000 fr.
9 Français pour le service judiciaire, exercice de 1892[1]	127 000

1. Par décret du 23 août 1892, sont institués, pour juger les Français à Madagascar, en dehors de Diégo-Suarez, trois tribunaux qui ont leur siège à Tamatave, à Tananarive et à Mojanga, et qui comprennent chacun un juge

3° Crédit extraordinaire :

Crédit voté en 1892, pour encourager la colonisation .   100 000 fr.

LÉGENDE

La Résidence générale a été inaugurée à Tananarive dans les premiers mois de l'année 1886, en vertu du traité conclu le 17 décembre 1885 [1].

Elle est magnifiquement installée sur un terrain spacieux appartenant au Premier ministre, et loué au gouvernement français pour cinquante ans.

Du palais de la Reine et des hauteurs de la capitale, on peut admirer le nouveau palais résidentiel, relié aux deux pavillons déjà existants, la caserne, les terrasses qui vont s'échelonnant.

La Résidence générale fonctionne depuis six ans, à peu près sur le même pied qu'aujourd'hui ; les installations s'améliorent graduellement à Tananarive et ailleurs.

Naturellement, ici comme partout, ce qui est grand excite l'envie. Les jaloux crient, en montrant ces grandes choses : Garde à vous, voilà l'ennemi !

Les amis, de leur côté, répètent un vœu souvent exprimé en haut lieu et toujours bien accueilli, mais encore à réaliser. Pourquoi, disent-ils, ne pas remplacer à Tananarive les cinquante soldats qui n'escortent jamais, par une escorte réelle de six à douze gendarmes à cheval, avec leur famille ? Ils pourraient accompagner en ville le Résident général.

président, un juge suppléant et un greffier, avec traitement comme il suit : juge président du tribunal de Tamatave, 12 000 fr.; — juges présidents des tribunaux de Tananarive et de Mojanga, 10 000 fr.;— juge suppléant au tribunal de Tamatave, 9 000 fr.; — juges suppléants aux tribunaux de Tananarive et de Mojanga, 8 000 fr.; — greffier du tribunal de Tamatave, 6 000 fr.;— greffiers des tribunaux de Tananarive et de Mojanga, 4 000 fr.

1. Ce traité a été négocié, au nom de la Reine de Madagascar, par D. Willougby, anglais, commandant des troupes malgaches. Le 10 janvier 1886, il a été approuvé et revêtu de la signature de la Reine, après réception de la lettre explicative du 9 janvier 1886, donnée par M. S. Patrimonio, M. P..., et le contre-amiral E. Miot.

Le traité est rédigé en français et en malgache. Le texte malgache fait loi aussi bien que le texte français. Il y a des expressions importantes qui n'ont pas le même sens dans les deux textes.

Leur belle tenue ferait merveille ; leurs enfants se mêleraient à la population du pays dans les écoles, etc., etc., et leur présence ne serait pas pour les indigènes une cause d'irritation....

III

GOUVERNEMENTS ÉTRANGERS

(*Whitaker's almanack,* 1892. — *Annuaire Malgache,* 1892.)

STATISTIQUE

1° Gouvernement anglais :

Traitement

1 vice-consul à Tananarive, W. C. Pickersgill, ex-missionnaire de L. M. S.	6 250 fr.
1 consul à Tamatave, absent.	18 750
1 vice-consul judiciaire, A. Sauzier.	18 000
1 vice-consul à Mahanoro, J.-J. Wilson.	2 500
1 vice-consul à Andevorante, Rev. H. A. Jones, missionnaire de S. P. G., suppléant.	} Non payés
1 vice-consul à Mojanga, C. Knott.	

Soit 6 fonctionnaires anglais, dont le traitement s'élève à   45 500 fr.

2° Gouvernements divers représentés à Tamatave seulement :

1 consul pour l'Allemagne, Herr H. Tappenbeck	
1 consul pour l'Italie, D. Maigrot.	Traitement inconnu
1 vice-consul pour l'Italie, E. Gicquel. . . .	
1 consul pour les États-Unis, Waller	
1 vice-consul pour les États-Unis, R. M. Whitney	

Soit 5 fonctionnaires.

LÉGENDE

Les sujets de nationalité britannique actuellement à Madagascar ne sont pas moins nombreux que les sujets de nationalité française.

L'Angleterre est sobre de fonctionnaires ; elle sait que cet élément dégénère aisément en épouvantail, surtout lorsqu'il s'appelle légion.

Des rares fonctionnaires que le gouvernement britannique maintient à Madagascar, on n'oserait pas écrire ce qu'ont publié à une autre adresse plusieurs journaux : « qu'ils ne donnent aucun signe de religion ;... qu'ils sont l'élément démoralisateur ;... qu'ils rendent leur pays méprisable [1] ».

A Tananarive, l'unique fonctionnaire anglais qui fait échec à la Résidence générale, le vice-consul W. C. Pickersgill, paraît aussi religieux que les missionnaires ses nationaux eux-mêmes. Si, depuis qu'il est personnage politique, ses préférences n'étaient pour la cathédrale des Anglicans, on ne voit pas pourquoi il ne continuerait pas, dans les temples des Indépendants de la capitale, les prédications qui pendant dix ans l'ont rendu célèbre à Ambohibeloma et à Mojanga.

A l'appui moral s'ajoute au besoin l'appui officiel en faveur des missions anglaises ; ce qui est toujours efficace et sans inconvénient, parce que le gouvernement britannique se donne hautement comme chrétien et comme chaud partisan de la propagation du christianisme.

IV

MISSIONNAIRES ANGLAIS

(Annuaire Malgache, 1892. — 98ᵉ rapport de L. M. S.)

STATISTIQUE

68 missionnaires anglais, dont 2 médecins ;

Plus de 6 110 auxiliaires, choisis parmi les chefs et les notables du pays, qui sont employés à titre de pasteurs, de prêcheurs ou d'instituteurs ;

92 316 élèves dans les écoles ;

310 313 adhérents ou disciples ;

Plus de 1 176 écoles mixtes ;

Plus de 1 333 temples ;

Plus de 25 districts ou diocèses, dont 15 dans la province d'Imérina, 7 dans la province de Betsileo, et 3 dans les autres provinces ;

3 imprimeries ;

2 hôpitaux ;

1 léproserie.

A ces chiffres, il faut ajouter ceux des Anglicans, qui font défaut.

Budget de près d'un million.

1. *Catholic Times*, 26 septembre 1892. — *Tablet*, 27 septembre 1892.

LÉGENDE

Parmi les 310 313 adhérents ou disciples des Anglais se trouvent le personnel du gouvernement et la classe dirigeante (tableau I).

Les Anglais comptent comme élèves 92 316 indigènes, enrôlés définitivement dans leurs écoles en vertu de la loi 296, qui défend à tout élève de quitter l'école où il est déjà inscrit. Tel est le cas de presque tous les enfants des hauts fonctionnaires et de la classe dirigeante.

Seuls les missionnaires anglais jouissent par eux-mêmes ou par leurs élèves du monopole de l'enseignement dans les temples et dans les écoles de l'Église d'État anglo-malgache.

L'Église d'État, créée sous l'inspiration des Anglais, fonctionne surtout depuis 1869. Tout y est dirigé par eux ou par leurs élèves. Aussi le peuple emploie-t-il indifféremment comme synonymes les expressions : religion d'État, religion anglaise; écoles du gouvernement, écoles anglaises; adhérent de l'Église d'État, anglais.

Les 68 missionnaires anglais se divisent en trois catégories, comme il suit :

1° 18 Anglicans, agents de la Société dite S. P. G., *Society of the Propagation of the Gospel* (Société de la Propagation de l'Évangile), dont l'évêque réside à Tananarive.

2° 35 Indépendants, agents de la Société dite L. M. S., qui, de concert avec les Quakers, remplissent dans l'Église d'État l'office d'instructeurs.

3° 15 Quakers ou Friends, agents de la Société dite F. F. M. A., *Friends Foreign Mission Association* (Association des Missions étrangères des Friends ou Quakers), dont 2 médecins fixés à Tananarive.

Ces trois groupes de missionnaires admettent comme base d'enseignement religieux la Bible de la Société biblique, que chacun interprète à sa façon. Ils enseignent le malgache, l'anglais et même le français. Ils ont composé une grammaire malgache-française.

Dans quel but enseignent-ils le français aux malgaches ? Ce n'est pas certainement pour favoriser la France. Pourquoi donc ? afin d'empêcher leurs élèves d'aller aux écoles catholiques ; car, s'ils y vont, ils y apprendront, outre la langue française, l'amour de la France ; et s'ils y embrassent le catholicisme, on le sait bien, ils sont perdus pour l'influence anglaise. Ce n'est pas la langue française que les missionnaires anglais redoutent, mais la religion française ou catholique. Les indigènes non catholiques et les catholiques apostats de toute provenance sachant le français, sont leurs meilleurs auxiliaires ; l'expérience ne le prouve que trop.

Parmi les monuments dont la bienfaisance britannique a couvert Madagascar, les Anglais sont fiers de pouvoir montrer, soit à Tananarive, soit dans les environs :

5 temples en pierre de taille, dont une cathédrale et 2 temples entourés de beaux squares.
2 grands collèges ou « theological institutions ».
2 écoles supérieures (high schools) pour la classe dirigeante.
2 écoles centrales de filles pour la classe dirigeante.
3 imprimeries, dont 2 fort importantes.
2 magnifiques hôpitaux, etc., etc.

L'école du palais est dirigée par des agents de L. M. S.

Le budget des 68 missionnaires anglais s'élève à près d'un million. Cela ressort du chiffre des Indépendants, qui ne sont que 35 missionnaires et qui ont pourtant à eux seuls un budget de 599 137 fr. 05, dont 81 250 francs comme supplément pour l'extension de leur mission à Madagascar.

Il est à remarquer que leurs ressources vont toujours croissant ; car en 1891 ils n'avaient qu'un budget de 567 001 fr. 35, dont un supplément de 72 500 francs.

Par les rétributions scolaires et par les quêtes faites dans les temples à Madagascar, les Indépendants ont obtenu des *indigènes*, en 1890, 111 606 fr. 87, et en 1891, 118 155 fr. 50. (97 et 98e rapports de L. M. S.)

Tandis que, faute de ressources, la mission française ne peut plus créer un seul nouveau poste, les Anglais étendent de plus en plus le cercle de leurs opérations. Leur léproserie récemment construite va faire concurrence à la léproserie catholique ; sur la côte ouest, une nouvelle mission vient d'être établie par les Anglicans, et dans la capitale diverses sociétés de bienfaisance sont organisées par les Quakers.

La note générale du rapport de L. M. S. 1892, est que « jamais les choses n'ont mieux marché » pour les missionnaires anglais. Mais aussi comme ils sont bien secondés par les gouvernements étrangers et par leur propre gouvernement !

*
* *

Le gouvernement britannique sait combien les missions catholiques ont procuré à la France de prestige et de grandeur. Pour combattre cette influence, il lui faut des missions anglaises : les sociétés *bibliques* sont fondées ; elles iront partout disputer le terrain aux missions catholiques, et l'Angleterre profitera de leurs conquêtes.

Le gouvernement britannique le sait : voilà pourquoi, considérant les missionnaires non catholiques comme le grand facteur d'influence anglaise au dehors, il les favorise de tout son pouvoir, à l'intérieur par sa législation, et à l'extérieur par son habile politique.

Le gouvernement britannique n'est ni athée ni anticlérical.

Loin de faire la guerre à Dieu et à son Christ, il leur rend officiellement hommage. Témoin l'Église d'État, les prières publiques et officielles, l'observation rigoureuse de la loi sur le repos dominical, l'assistance aux offices du dimanche en usage dans l'armée,... et en honneur dans le monde officiel comme dans la société, etc.

Dans le Parlement britannique, le clergé est représenté par 2 archevêques et 24 évêques de l'Église établie ; la religion catholique, par 41 lords, comtes ou barons, par 5 députés catholiques anglais, et par 71 députés catholiques irlandais.

Dans la Grande-Bretagne, l'arsenal des lois de persécution inaugurées par le roi Henri VIII (1534) est relégué au musée des antiquités malsaines.

« Dans ce pays, toutes les religions sont tolérées et libres, bien qu'il y ait une Église d'État privilégiée. L'Église d'État est épiscopalienne en Angleterre... et presbytérienne en Écosse. L'Église catholique vient après l'Église d'État. En outre, il existe plus de deux cents sectes non catholiques séparées de l'Église d'État et se disant chrétiennes, qu'on appelle sectes de *dissidents* (dissenters). » (*Whitaker's Almanack*, 1891, p. 236, 249.)

Pour toutes ces catégories religieuses, il y a tolérance et liberté. Pas de loi d'exception, pas de distinction entre les nationalités ou les religions. Tous les congréganistes chassés du continent européen et obligés de chercher un asile en Angleterre, jouissent sur cette terre hospitalière de toutes les libertés que leur refuse le gouvernement de leur propre patrie.

Le gouvernement britannique ne se montre ni jaloux ni inquiet des richesses du clergé officiel et de quelques sociétés dissidentes, qui sont pourtant assez respectables. Ainsi « l'Église épiscopalienne, qui ne compte plus que 13 millions de fidèles, possède cependant à elle seule un budget annuel de £ 7 250 000 = 181 250 000 francs.

Une secte de dissidents, celle des méthodistes, a pu, dans l'année 1889-1890, réaliser un budget de £ 548 184 = 13 millions 704 000 francs.

Cette prospérité matérielle des diverses Églises, qui est respectée et protégée par le gouvernement, permet de réunir chaque année des sommes considérables pour l'entretien des missions à l'étranger.

En effet, « dans les Iles Britanniques, les *quêtes* faites pour les diverses missions ont donné :

> En 1887, £ 1 228 759 = 30 708 975 fr.
> En 1888, £ 1 334 491 = 33 362 275 fr.
> En 1889, £ 1 331 306 = 33 282 650 fr.

« Les missions catholiques ne figurent dans cette dernière somme que pour £ 9819 = 235 475 francs.

« Restent donc plus de 33 millions au service des missions non catholiques; et encore faut-il ajouter à ce chiffre des sommes importantes qui n'y sont pas comprises, telles que les revenus provenant des publications, des quêtes à l'étranger et des intérêts des capitaux placés. »

(*Whitaker's Alm.*, 1891, p. 236, 245, 248.)

Avec ce régime de liberté religieuse, est-il étonnant

qu'il existe en Angleterre des sociétés de missionnaires riches et puissantes, que le budget annuel des missions dépasse de beaucoup 33 millions, et que sur ces millions il y en ait *un* affecté chaque année aux missions anglaises qui sont établies à Madagascar ?

Le gouvernement favorise la prospérité financière de ces sociétés, par respect pour la liberté religieuse et par politique ; car il sait quel parti il peut en tirer pour son influence à l'étranger.

Les missionnaires catholiques, il les admet volontiers, il les subventionne au besoin, soit dans les Iles Britanniques, soit dans ses propres colonies. Mais à l'étranger, dans les contrées où se trouvent engagés les intérêts de la France, il ne regarde comme siens et il ne protège plus que les missionnaires des sociétés bibliques. Pourquoi cette différence de politique ? C'est que, dans ces régions lointaines, « qui dit catholique dit français, qui dit protestant dit anglais ».

Ce fait est peut-être plus saisissant à Madagascar qu'ailleurs. On sait qu'en 1883, lors de la guerre franco-malgache, tous les missionnaires français furent expulsés de Tananarive et de l'île entière, tandis que les missionnaires anglais restèrent à leur poste ou à la capitale, tranquilles et triomphants, abrités qu'ils étaient par le drapeau britannique et par la protection du gouvernement malgache. Mais on ignore un incident qui s'est produit alors. Le R. P. D. Connellan était lui aussi missionnaire anglais, sujet britannique tout comme ces révérends. Il s'est réclamé de sa nationalité anglaise, pour rester à Tananarive comme tous les missionnaires non catholiques, ses compatriotes. Il a frappé à toutes les portes. Vains efforts : il était missionnaire catholique ; la religion a périmé la nationalité ; il a été forcé de fuir avec les Français, comme s'il avait été sujet français lui-même. Pour les Malgaches, missionnaire *catholique* était synonyme de missionnaire *français*, et le gouvernement britannique a laissé faire, parce que, à Madagascar, il ne protège que ses missionnaires non catholiques.

Il les protège *ouvertement, officiellement, efficacement.* Il le peut : il porte sur son drapeau le nom de Dieu ; son attitude respectueuse de la religion chrétienne l'autorise à dire aux Malgaches : « Voici nos missionnaires. Ils vous apportent la Bible, la religion anglaise et l'éducation anglaise. Si vous les écoutez, ils feront de vous une nation puissante et civilisée, à l'instar de l'Angleterre. Nous n'avons pas d'autre ambition ; car nous sommes disciples du Christ, qui a dit : « Aimez-vous les uns les autres ; aimez « votre prochain comme vous-même. » Tel est le langage que l'histoire prête à Farquhar, gouverneur de Maurice, qui en 1820 envoya au roi Radama Ier les premiers missionnaires de L. M. S. Il résume le programme politique dont l'Angleterre ne s'est pas écartée jusqu'ici, et qui est le secret de son influence. Les hommes au pouvoir ne sont-ils pas les élèves de ses missionnaires ?

Pour le gouvernement britannique, la liberté des missions anglaises à Madagascar est un intérêt de premier ordre. Il la défend si bien auprès des autorités malgaches, par le moyen de ses représentants, qu'on ne voit surgir ni difficulté ni conflit, ou bien tout s'arrange en famille.

Dans la convention franco-anglaise de 1891, relative à Madagascar, le cabinet de Saint-James n'a pas oublié de réserver expressément les droits et la liberté des missions anglaises.

Clause bien modeste en apparence, mais qui en réalité, pour l'Angleterre, compense les concessions faites, sauvegarde les intérêts acquis et consacre sa politique traditionnelle.

Après dix ans d'exercice comme missionnaires à Tananarive ou dans les dépendances, trois Anglais sont devenus des personnages politiques ; ce sont : le Rév. W. C. Pickersgill, de L. M. S., nommé vice-consul à Tananarive vers 1885 ; J. Parrett, imprimeur (L. M. S.), et A. Kingdon, imprimeur (F. F. M. A.), qui jouent aujourd'hui un rôle important dans les affaires politiques et commerciales.

J. Parrett réside à Tananarive, où il est fort bien en cour. On sait qu'en 1885 il est venu à Paris. Il y a trouvé, parmi ses coreligionnaires de France, des amis puissants et dévoués. Le traité franco-malgache du 17 décembre 1885 et les événements qui l'ont suivi prouvent combien fut efficace sa mission officieuse.

A. Kingdon a obtenu pour une Compagnie anglaise la faculté d'exploiter, à l'ouest de Madagascar, un territoire jusqu'ici inexploré, et « dont la superficie, dit un prospectus, est plus grande que celle de l'Angleterre, c'est-à-dire 20 000 milles carrés [1] ».

Jusqu'à présent, il est vrai de dire que cette concession aboutit pour les Anglais à une spéculation financière qui est loin d'être brillante.

Quoi qu'il en soit de son importance, elle n'est que la conséquence de la situation. Si les missions anglaises n'avaient acquis tant d'influence sur la classe dirigeante du pays, de telles faveurs pourraient-elles être obtenues ? — Et comment les missions anglaises seraient-elles si puissantes à Madagascar, si elles n'avaient pour elles le concours dévoué du gouvernement britannique, et si elles ne trouvaient en France des auxiliaires conscients ou inconscients ?

V

MISSIONNAIRES NORVÉGIENS

(*Annuaire Malgache*, 1892.— *Filazana Malagasy*, 1892.)

STATISTIQUE

44 missionnaires norvégiens, dont 2 médecins ;
Plus de 1 130 maîtres d'école ou pasteurs indigènes ;
Plus de 37 487 élèves dans les écoles ;
Plus de 47 681 adhérents ou disciples ;
Plus de 454 paroisses ou stations ;
Plus de 17 districts ou diocèses, avec 12 stations, dont une à Fort-Dauphin ;
1 hôpital ;
A cette statistique il faut ajouter celle de la côte ouest.

LÉGENDE

Les missionnaires norvégiens sont membres de la secte des *luthériens*, et agents de N. M. S. (Norway Mission Society, *Société des Missions* de Norvège).

---

1. « Madagascar Queen's Concession », Compagnie avec un capital de 3 125 000 francs. (Queen Victoria street, London E. C. February 26, 1892.)

Les 44 missionnaires norvégiens actuellement à Madagascar se trouvent répartis comme il suit : 6 à Tananarive, 19 chez les Betsileo, 4 chez les Sakalava (ouest), 3 chez les Antanosy (est), etc.

Dans leurs livres ils n'attaquent jamais les missions anglaises, tandis que la mission française y est indignement calomniée.

Ils fraternisent avec les missionnaires anglais jusque dans les temples, bien qu'ils soutiennent des opinions religieuses fort différentes des leurs.

Ils ont fait avec les Anglais (L. M. S.) un traité d'après lequel le district *septentrional* de Betsileo serait exclusivement réservé à la secte luthérienne.

Dans ce district surtout, les luthériens ont abusé de la loi 296 pour retenir de force dans leurs écoles des centaines d'élèves qui ne voulaient que des écoles françaises. Il y a eu, à cette occasion, contre ces élèves, des persécutions sanglantes dont la responsabilité retombe tout entière sur les missionnaires norvégiens.

Malgré quelques conflits particuliers dans la partie méridionale des Betsileo, l'harmonie de l'alliance anglo-norvégienne ne paraît pas sérieusement troublée.

Si les missions anglaises sont dites *protestantes*, ce nom convient plus encore à la mission norvégienne, puisque, étant luthérienne, elle a pour maître Luther, le père des *protestants*. Cette dénomination, ajoutée à ce qui précède, dit assez quelle est à Madagascar la nation européenne qui bénéficie de l'enrôlement de 37 000 élèves dans les écoles des luthériens de Norvège.

VI

MISSIONNAIRES FRANÇAIS

STATISTIQUE

La mission catholique française se compose de 114 Français[1], à savoir :
49 ecclésiastiques, dont 1 évêque, presque tous des vétérans.
19 Frères, chefs d'atelier, constructeurs, — —

1. Jamais, quoi qu'on ait dit, les Missionnaires catholiques de Madagascar n'ont demandé à être naturalisés Américains ou Anglais.

19 Frères des Écoles chrétiennes) chargés des écoles à Tamatave, à
27 Sœurs de S. Joseph de Cluny (Tananarive et à Fianarantsoa.
   Elle compte en 1892 :
641 instituteurs ou institutrices indigènes.
17 338 élèves dans les écoles (contre 92 316 élèves des Anglais et
   37 487 élèves des Norvégiens).
130 669 catholiques ou adhérents, connus sous le nom de Français.
Plus de 600 écoles primaires,) qui ont déjà fourni à la Résidence gé-
9 écoles normales,) nérale, à la Cour et au commerce
1 collège,) des interprètes fort appréciés.
1 observatoire astronomique.
1 imprimerie, qui fournit à la Mission sa provision d'ouvrages français, latins ou malgaches.
1 léproserie avec 150 malades.
   Budget de 200 000 francs.

LÉGENDE

La mission catholique s'est établie définitivement à Tananarive en 1861. La place était déjà occupée par un parti politico-
religieux, formé de missionnaires de L. M. S. et de leurs
anciens élèves, et connu sous le nom de *protestants* ou *anglais*. La lutte s'engagea dès lors et s'est continuée depuis
entre les missionnaires anglais et les missionnaires français,
toujours à armes inégales : les premiers, pourvus de tous les
moyens humains de succès; les seconds, avec des ressources
précaires et des difficultés sans nombre. Malgré cette infé-
riorité, la mission catholique avait, après vingt-deux ans de
lutte, conquis en 1883, à peu de chose près, la situation telle
qu'elle existe aujourd'hui.

A cette époque survient la guerre franco-malgache (1883-
1886). Tous les missionnaires sont expulsés de Madagascar.
Après trois années d'exil, ils ont trouvé leurs néophytes
fidèles à leur devoir et ils ont été reçus par eux comme
sont accueillis, après une longue absence, des pères par des
enfants bien nés. Tel est le lien intime que forme la religion entre la France et Madagascar : la guerre, qui pendant
trois ans a divisé les deux nations, ne l'a ni rompu ni affaibli.

Malgré l'épreuve de l'expulsion, ajoutée à tant d'autres qui
l'ont précédée ou suivie, la mission catholique s'est mainte-
nue dans ses positions. Son bilan de 1892 montre l'œuvre
accomplie jusqu'ici.

Si les Anglais ont pour eux le nombre, la richesse et les gouvernements, la mission catholique l'emporte :

1° Par la génération « qu'elle forme en silence, dit le contre-amiral Gore Jones, et qui est une plante supérieure à toute autre[1] » ;

2° Par la cathédrale de Tananarive, le seul monument signalé avec éloge par le contre-amiral anglais, et dont il dit : « La cathédrale catholique ferait honneur à une ville d'Europe. J'y ai entendu de la bien belle musique. » (*Ibid.*)

3° Par son observatoire astronomique qui a inauguré à Madagascar des travaux scientifiques dont l'Institut de France a reconnu le mérite par de hautes récompenses ;

4° Par plusieurs fanfares qui, à Tananarive, à Tamatave, à Fianarantsoa, à Ambohibeloma, etc., relèvent l'éclat de nos fêtes religieuses et nationales, etc., etc.

Faut-il faire mention des progrès de l'agriculture et de l'industrie, dont Madagascar est redevable à la mission catholique ? La culture du blé et de la vigne, l'introduction des arbres fruitiers tels que les pommiers, les. manguiers d'espèce supérieure, les coings de Chine, etc., etc., ce sont là autant de bienfaits apportés par les missionnaires français. Qui eût dit que sans eux les brasseries ne pourraient s'installer et prospérer à Tananarive ? La fabrication de la bière est une tâche qui s'est imposée au missionnaire ; il s'en console, parce qu'il y trouve le moyen d'exercer l'apostolat de la charité auprès des plus réfractaires. Combien de gens qui ne veulent pas de son enseignement et qui font à sa bière un excellent accueil !

Le budget est formé d'aumônes aléatoires, qui en 1892 donnent 200 000 francs, soit 110 000 francs de la Propagation de la foi, 70 000 francs de la Sainte-Enfance, et 20 000 francs pris sur les 700 000 francs de l'allocation budgétaire pour les établissements français en Orient.

La mission catholique ne peut pas, comme la mission anglaise (L. M. S.), avoir des recettes locales ; car la richesse est ailleurs.

Elle ne peut pas non plus faire des quêtes extraordinaires en France ; car les catholiques se trouvent forcés par la laïci-

1. Rapport sur la visite à la Reine de Madagascar, juillet 1881.

sation d'épuiser toutes leurs ressources pour défendre leur propre foi et celle de leurs enfants.

A Madagascar, la mission catholique a contre elle :

Quatre sectes de missionnaires dont une seule possède un budget de près de 600 000 francs, et qui toutes trouvent, soit dans le gouvernement local, soit dans celui de leur propre pays, tout le concours qu'elles peuvent désirer ;

L'Église d'État anglo-malgache, avec ses innombrables agents dont l'audace dans la lutte religieuse ne connaît pas de bornes, parce que jusqu'ici leurs violences sont toujours demeurées impunies;

L'enrôlement dans l'Église d'État des membres de la classe dirigeante, qui n'ont plus la liberté de prier avec les Français, sous prétexte qu'un double lien les unit désormais à la religion de la Reine : la dignité de leur rang et la participation à la même cène que Sa Majesté;

La loi 296e, dont bénéficient seuls les adversaires, parce que l'Église catholique ne peut pas profiter d'une loi contraire à la liberté, loi qui interdit l'accès des écoles françaises à tous les élèves inscrits dans les écoles rivales, soit, pour le moment, à 129 703 élèves (contre 17 336 élèves des écoles françaises), et parmi ces élèves anglais ou norvégiens, presque tous les enfants de la classe dirigeante;

La difficulté de maintenir les œuvres existantes; la nécessité de refuser toutes les demandes d'écoles nouvelles et d'abandonner ainsi à des sociétés rivales des populations entières; la douleur de s'entendre dire : De quoi vous plaignez-vous ? N'êtes-vous pas mieux traité ici que dans votre propre pays? l'impossibilité de recevoir, comme les missionnaires anglais, un appui officiel, efficace et sans inconvénient, tant que la religion catholique sera traitée par les gouvernants, ou en ennemie ou en étrangère, etc., etc.

En France, au sein de la mère-patrie, à qui elle doit tout, impossibilité pour la mission de se recruter et de soutenir ses œuvres à Madagascar sans le secours de missionnaires venant de l'étranger, etc.

Pour remédier à cette situation déplorable, que faut-il? La liberté religieuse, comme elle se pratique en Angleterre et dans la République des États-Unis.

En attendant cette liberté essentielle et surtout l'orientation catholique du gouvernement, qui seule peut rendre la France prospère au dedans et puissante au dehors, trois mesures sont nécessaires :

1° Facilité de recruter et de former dans une école de missionnaires en France, et non ailleurs, les jeunes gens qui se destinent à faire dans la mission de Madagascar le plus utile de tous les services ;

2° Concession d'une allocation en rapport avec la lutte à soutenir contre les sociétés rivales, et telle que l'exigent à Madagascar l'honneur et les intérêts de la France ;

3° Protection de la liberté d'enseignement, qui n'est pas moins importante que la liberté de commerce, et qui se trouve atteinte par la loi 296.

Ces trois mesures ont été demandées en 1890 ; la demande est restée sans effet. Or, les considérants qui l'avaient motivée subsistent et sont corroborés par les faits exposés ci-dessus. Il est donc urgent de la renouveler, et avec plus d'insistance.

Qu'on ne l'oublie pas, la mission catholique a des cadres qu'il suffit de remplir pour mieux faire connaître et aimer la France à Madagascar, comme les missions bibliques y font connaître et aimer l'Angleterre. A celui qui oserait proposer une combinaison tendant à la combattre ou à l'éliminer, on peut dire en toute vérité : Monsieur, vous n'êtes pas Français [1].

D'ailleurs il s'agit d'une question qui touche à l'honneur de la France et à sa vie même.

Comment les vrais Français pourraient-ils s'en désintéresser et ne pas élever la voix pour la défendre ?

---

1. J'ai sous les yeux une carte géographique bien instructive. Elle est intitulée : *Map of France, showing the districts of the British and Foreign Bible Society* ; « Carte de France, montrant les districts de la Société Biblique anglo-étrangère ». Voici donc la France envahie, comme la Chine, par les agents de la Société Biblique de Londres, et partagée en *diocèses britanniques*. Ceci a lieu, tandis qu'on expulse les religieux *français* et qu'on parle de supprimer des *diocèses français*. De tels faits pourraient-ils se produire, s'il n'y avait en France la connivence des protestants, amis des Sociétés Bibliques ? Et ce sont ces mêmes amis qui se disent [bons patriotes, et qui voudraient, dit-on, aller à Madagascar comme missionnaires !

ÉPILOGUE

Désorganiser la France au dedans, anéantir son influence au dehors, tel est le vœu, tel est le programme des ennemis de la France.

Que voyons-nous? Écou ez.

M. Anatole Leroy-Beaulieu écrivait naguère dans la *Revue des Deux Mondes* :

« Il n'y a que le sentiment religieux qui puisse soutenir la société... et lui rendre la paix sociale; et nous voyons des conducteurs de peuple, des aveugles conduisant des aveugles, s'ingénier à déraciner chez les couches populaires la foi en Dieu et l'espérance au ciel ! C'est là ce que j'ose appeler le crime contre le peuple ! c'est le *crime social*[1]. » (15 déc. 1891.)

« Le problème *social*[2] est avant tout un problème religieux. La société ne sera guérie que par le retour à l'Évangile... Le meilleur de tous les baumes sociaux, c'est l'Évangile. » (1er mars 1892.)

Quelques mois plus tard, M. Jules Simon disait dans la ville de Caen, le 27 mai 1892 :

« Les missionnaires font, par *leur seule présence*, connaître et aimer la patrie française.

---

1. La thèse n'est que trop confirmée par les faits. Déraciner la foi en Dieu, c'est semer l'anarchie. Ravachol n'a-t-il pas dit : « Si j'avais cru en Dieu, je n'aurais pas fait ce que j'ai fait? » C'est aussi le crime *colonial*; car déraciner la foi chez les couches populaires, c'est faire une génération sans Dieu, c'est tarir la source des missionnaires, le grand facteur d'expansion coloniale, et laisser les missionnaires des autres nations seuls maîtres du terrain à l'étranger.

2. On peut dire avec autant de raison : Le problème *colonial* est avant tout un *problème religieux*.

L'Angleterre le sait : aussi que ne fait-elle pas en faveur de ses missionnaires? Et leurs conquêtes sont ses conquêtes.

La France le sait aussi : de là le mot célèbre rappelé par M. Jules Simon. Mais que fait-on pour les missionnaires? On leur donne un peu d'argent, assez pour les encourager, trop peu pour les soutenir dans la lutte contre un ennemi supérieur, tandis que les lois anticatholiques sont comme autant de canons braqués contre eux, pour les anéantir.

« Admirez maintenant ce contraste. Ils sont là-bas servant la cause de la France, mourant pour Dieu et pour nous, tandis qu'ici nous les chassons de nos écoles, de nos hôpitaux, de nos bureaux de bienfaisance !

« Gambetta disait que la laïcisation n'était pas un article d'exportation. Il aurait fini par comprendre sans doute qu'on ne peut pas traquer les religieux en France et profiter de leurs vertus au désert.

« Laissez-leur au moins la liberté de se donner à vous ici, puisque là-bas ils vivent et meurent pour vous.

« Grâce à eux, la France a jusqu'à ce moment représenté le catholicisme au delà du monde civilisé. On a eu beau faire : pour les sauvages, pour les demi-sauvages et pour les civilisés de la civilisation orientale, qui dit Français dit Catholique, qui dit Anglais dit Protestant.

« Travailler à supprimer chez nous le catholicisme, c'est travailler à supprimer en Orient le prestige de la France. »

Tous les Français intelligents et honnêtes applaudiront à de telles paroles.

Peut-on dire plus clairement :

En dehors de la religion, pas de solution pour les grandes questions qui sont posées : la question sociale et la question coloniale.

Travailler à supprimer chez nous le catholicisme, c'est travailler pour les ennemis de la France ?

FIN

Imprimerie D. Dumoulin et Cie, rue des Grands-Augustins, 5, à Paris.

PARIS

IMPRIMERIE D. DUMOULIN ET Cie

Rue des Grands-Augustins, 5.

www.ingramcontent.com/pod-product-compliance
Lightning Source LLC
Chambersburg PA
CBHW061630050726
47595CB00007B/3126